BEI GRIN MACHT SICH IHR WISSEN BEZAHLT

- Wir veröffentlichen Ihre Hausarbeit, Bachelor- und Masterarbeit

- Ihr eigenes eBook und Buch - weltweit in allen wichtigen Shops

- Verdienen Sie an jedem Verkauf

Jetzt bei www.GRIN.com hochladen und kostenlos publizieren

Bibliografische Information der Deutschen Nationalbibliothek:

Die Deutsche Bibliothek verzeichnet diese Publikation in der Deutschen National-bibliografie; detaillierte bibliografische Daten sind im Internet über http://dnb.d-nb.de/ abrufbar.

Dieses Werk sowie alle darin enthaltenen einzelnen Beiträge und Abbildungen sind urheberrechtlich geschützt. Jede Verwertung, die nicht ausdrücklich vom Urheberrechtsschutz zugelassen ist, bedarf der vorherigen Zustimmung des Verla-ges. Das gilt insbesondere für Vervielfältigungen, Bearbeitungen, Übersetzungen, Mikroverfilmungen, Auswertungen durch Datenbanken und für die Einspeicherung und Verarbeitung in elektronische Systeme. Alle Rechte, auch die des auszugsweisen Nachdrucks, der fotomechanischen Wiedergabe (einschließlich Mikrokopie) sowie der Auswertung durch Datenbanken oder ähnliche Einrichtungen, vorbehalten.

Impressum:

Copyright © 2017 GRIN Verlag
Druck und Bindung: Books on Demand GmbH, Norderstedt Germany
ISBN: 9783668996274

Dieses Buch bei GRIN:

https://www.grin.com/document/493506

Franz Beigelbeck

Die Rolle der Frau in "Hymne à la Beauté" und "Léthé" von Charles Baudelaire

Ein Gedichtvergleich zu "Les Fleurs du Mal"

GRIN Verlag

GRIN - Your knowledge has value

Der GRIN Verlag publiziert seit 1998 wissenschaftliche Arbeiten von Studenten, Hochschullehrern und anderen Akademikern als eBook und gedrucktes Buch. Die Verlagswebsite www.grin.com ist die ideale Plattform zur Veröffentlichung von Hausarbeiten, Abschlussarbeiten, wissenschaftlichen Aufsätzen, Dissertationen und Fachbüchern.

Besuchen Sie uns im Internet:

http://www.grin.com/

http://www.facebook.com/grincom

http://www.twitter.com/grin_com

Die Blumen des Bösen und ihre mystische Darstelllung der Frau Ein Gedichtvergleich

Franz Beigelbeck

Inhaltsverzeichnis

Vorwort

Die *Fleurs du Mal* wurden erstmals im Juni 1857 in einer Boutique in Paris veröffentlicht. Dass Baudelaire mit seinem Werk eine neue Epoche der Lyrik einleiten sollte war noch nicht vorstellbar. Sicher ist jedoch, dass er durchaus darauf bedacht war dem Wort *moderne* einen „unmissverständlichen Sinn" zu geben[1]. Die *Fleurs du Mal* entstanden über einen langen Zeitraum, so viel ist sicher, und wurden fortlaufend verändert, auch unter dem Druck der Zensur[2]. Ganz fertiggestellt wurden sie nie[3], Baudelaire starb vor der *Édition définitive*, der dritten und endgültigen Auflage. Ein weiteres wichtiges Werk sind die *Poèmes en prose*, im Prinzip eine andere Gestaltung der *Fleurs du Mal*[4]. Die *Fleurs du Mal* sind in der zweiten Auflage in 6 Abteilungen aufgeteilt: Spleen et *Idéal, Tableaux parisiens, le Vin, Fleurs du Mal, Révolte* und *La Mort*. Zu der geplanten dritten Auflage gehören neben neuen Gedichten auch die *Épaves*, darunter auch die verbotenen *Pièces condamnées*, die aus der Erstauflagen herausgenommen wurden. Eine Besonderheit des Dichtens Baudelaires ist geringe Anzahl an unterschiedlichen Sujets, an Themen. Das liegt daran, dass er nicht nach Themen suchte, sondern sich selbst, seine poetische Existenz und damit seine eigene subjektive Wahrnehmung von Welt und Wirklichkeit zum bestimmenden Sujet machte[5]. Baudelaire versuchte gegen den damaligen Fortschritt in Technik und Gesellschaft anzukämpfen, er erkannte darin die Gefahr, Gegensätze wie moralisch und unmoralisch, Gut und Böse, zu relativieren[6]. Deshalb trieb er in seinen Werken eine Polarisierung von Gut und Böse voran, und unterstützt das Bild der „*deux postulations simultanées*": Die eine Richtung zu Gott, ein spirituelles Emporsteigen, und als Gegenposition die Anrufung Satans, die „joie de descendre", also die tierische Lust ins Triebhafte herabzusteigen[7]. Baudelaire hatte einige Beziehungen zu unterschiedlichen Frauen, er hatte großen „Appetit auf die Welt der Frau"[8] und war zu der Frauenwelt hingezogen[9]. Zwingend nimmt das andere Geschlecht dadurch auch einen großen Stellenwert in seinen Werken ein. Schon das erste Gedicht aus den *Fleurs du Mal*, die *Bénediction*, beschreibt das Verhältnis zu der ersten Frau in seinem Leben, seiner Mutter, als einen Absturz, als eine

---

[1] S.115 Werner Ross
[2] S.623 C. Baudelaire Fleurs du mal
[3] S.625 C. Baudelaire Fleurs du mal
[4] S.627 C. Baudelaire Fleurs du mal
[5] S.116 Werner Ross
[6] S.53 Dieter Mettler
[7] S.53 Dieter Mettler
[8] S.58 Pascal Pia
[9] S.36 Pascal Pia

Beziehung, die von Anfang an durch Schmerz und Hass bestimmt war[10]. Nun drängte sich mir die Frage auf, welche Rolle dem weiblichen Geschlecht in dieser zweigeteilten Welt zukommt. Dies werde ich anhand der von mir ausgewählten Gedichten *Hymne à la Béaute* und *Léthé* untersuchen. Meine Anfangsthese ist, dass die Frau keiner Seite zugeordnet werden kann, und die Spannung zwischen den beiden Extremen vereint.

Hymne à la Beauté

Das Gedicht *Hymne à la Beauté* ist ein langes Gedicht, verglichen mit anderen Gedichten aus den *Fleurs du Mal*. Es gehört der ersten Gruppe Spleen und Ideal (Aufsuchung und Absturz oder Satanismus und Idealität) an. Es wurde erst 1861 in der Zweitauflage der *Fleurs du Mal* veröffentlicht, man nimmt jedoch an, es wurde schon deutlich früher geschrieben. Baudelaire hielt es jedoch aus unbekannten Gründen bei der Erstauflage zurück[11]. In dem Gedicht werden Spleen und Ideal verwoben, auf das Gute folgt immer das Schlechte und umgekehrt und oft gehen sie ineinander über. Die Überschrift „Loblied auf die Schönheit" lässt auch eine Darstellung des Weiblichen, beziehungsweisen der weiblichen Natur vermuten. Man muss jedoch bedenken, dass sich nach Baudelaire die Schönheit nicht definieren lässt[12], auch nicht an einer Frau. Deswegen verlegt er die Frage nach der Schönheit auf die nach ihren Wirkungen oder Fähigkeiten[13]. Im Folgenden werden ich nun das Gedicht genau auf diesen Aspekt hin analysieren und interpretieren.

Analyse

Das Gedicht ist in 7 Strophen gegliedert, die jeweils aus 4 Versen bestehen. Das Reimschema ist sehr durchstrukturiert. Es handelt sich um erweiterte, reine Endreime die in einem Kreuzreimschema angeordnet sind. In dem Gedicht gibt es einige syntaktische Einschnitte in den Versmitten (siehe Strophe 1, 5 und 6,7). Diese Zäsuren sind allesamt männlich. Zusammen mit den zahlreichen Enjambements, die das Gedicht beherrschen, verleiht dies dem Gedicht eine drängende, exklamative Wirkung. Dies wird auch durch die zahlreichen Satzzeichen, die das Ausrufen des lyrischen Ichs verdeutlichen, untermauert. Auch eine Anapher in den Versen fünf und sechs, ein wieder holtes „Du" am Anfang der Verse verstärkt das Bild einer Anrufung,

---

[10] S.99 Paul-Laurent Assoun
[11] S.542 C. Baudelaire Fleurs du mal
[12] S.195 Dieter Mettler
[13] S.194 Dieter Mettler

ja vielleicht auch einer Anbetung. Das Versmetrum ist sehr bestimmend für den Rhythmus und die Wirkung des Gedichtes. Die zwölfte Silbe jedes Verses ist betont, wobei sich männliche und weibliche Kadenzen abwechseln. Nach der sechsten Silbe tritt in dem Gedicht eine obligatorische Zäsur auf. Es handelt sich also um einen französischen Alexandriner. Französisch, weil er im Vergleich zum Deutschen, keinen obligatorischen inneren Rhythmus in Jamben benötigt. Einen regelmäßigen Rhythmus gibt es deswegen nicht. Dadurch ist das Gedicht nicht liedhaft, und ähnelt stärker einem inneren Monolog. Als Stilmittel herrschen vornehmlich Metaphern. Beispielhaft ist die Metapher: *„fée aux yeux de velours"*[14]

zu Deutsch: *samtäugige Zauberin*. Außerdem herrschen in dem Gedicht viele Synästhesien, also eine Mischung von Begriffen aus unterschiedlichen Sinnesbereichen:

„Du schüttelst Düfte wie eine Gewitternacht" (V.6)

Das Gedicht, oder der innere Monolog, richtet sich an die allegorische Frau[15], an die Schönheit, und beschreibt ihr Wirken und ihre Fähigkeiten, doch erfahren wir wenig über das lyrische Ich und seine Gefühle zu ihr, denn es nimmt die Rolle eines Beobachters ein.

Interpretation
„Um die Seele eines Dichters zu durchschauen, muss man in seinem Werk diejenigen Wörter aufsuchen die am häufigsten vorkommen. Das Wort verrät, wovon er besessen ist."[16]

So werden in diesem Gedicht die Begriffe Himmel und Hölle, die extremen Gegensätze, sehr oft erwähnt, und somit wird das Hauptthema Baudelaires auch hier enthüllt. So ruft das lyrische Ich schon im ersten Vers den Konflikt zwischen Spleen und Ideal an, es zweifelt an der Natur seiner Geliebten, es weiß nicht ob sie aus der Hölle, oder dem Himmel entstammt. Er leidet unter ihr und sündigt (V.3) aber gleichzeitig erfährt er durch sie auch Liebe und „göttliches" (V.2). Diese Mischung aus Leiden und Emporsteigen findet sich also in der der Frau. Wenn ich in meiner gesamten Arbeit „Frau" verwende, so ist damit das Bild der *allegorischen Frau* gemeint. Der Begriff der allegorischen Frau geht auf Baudelaire selbst zurück, und bedeutet wortwörtlich: Die Endgültige Darstellung oder Pose einer jeden schönen Frau. So kommt sie in keinem der Gedichte selbst zu Wort, die Verse sagen nur etwas *über* die Frau aus. Das liegt daran, dass das lyrische Ich durch sein eigenes Bewusstsein, und

---

[14] Strophe 7
[15] Allegorische Frau geltend für die Frau in der gesamten Arbeit: im Sinne von
[16] S.45 Hugo Friedrich

seine eigene Wahrnehmung von ihr getrennt ist. Das Wirken der Frau auf den Mann vergleicht das lyrische Ich mit dem Wein: Sie macht trunken und glücklich, jedoch auch abhängig und verletzlich. Dieses Getränk spiegelt also, ebenso wie die Frau, die Natur der Schönheit wieder und hat ebenso wie die Frau zwei sehr differente Seiten, die jedoch untrennbar miteinander verbunden sind. Dadurch, dass beide Seiten immer direkt aufeinanderfolgen, dass die „Beauté" sowohl himmlisch als auch teuflisch agieren kann, stellt sich ein Eindruck von Willkür ein. Übertragen auf das Bild der Frau ergibt sich ein gewisses Unverständnis, eine Unvorhersehbarkeit ihres Verhaltens. Genau daraus resultiert jedoch ihre Schrecklichkeit, und einhergehend die Begierde nach ihr[17]. Sie hat mit ihren Küssen die Macht die Menschen komplett umzukehren, sie von Helden zu Feiglinge umzuwandeln (V.8). Die Männer können keine Kontrolle über sich haben, wenn die Schönheit sie verführt. Die Frau ist also mächtig genug, einen Mann komplett in das Gegenteile zu verändern, alleine durch ihre Schönheit und Anziehungskraft. Ihr kommt in diesem Gedicht eine Allmacht zu, durch die vollkommene Machtlosigkeit und der Begierde des lyrischen Ichs ausgedrückt. Ihre eigene natürliche, und dadurch nicht auf Kalkül basierte Art lässt das lyrische Ich in der nächsten Strophe auch erneut nach der Herkunft dieser Schönheit fragen. Die Frau erhält dadurch eine mystische Aura die durch die Benennung „Destin" (V.10), Dämon, verstärkt wird. Nach Gutdünken säht sie Glück und Unglück, sie „lenkt alles". Der Frau werden übermenschliche Eigenschaften zugeschrieben im Sinne von totaler Entscheidungs- und Willensmacht; nichts kann ohne ihren Willen geschehen, sie ist das Zentrum der Welt des lyrischen Ichs. Interessant ist auch der letzte Vers der dritten Strophe: „[...] et ne réponds de rien". Anscheinend rechtfertigt die Schönheit ihre Entscheidungen und ihr Verhalten nicht. Sie handelt nicht rational, nicht nachvollziehbar für das lyrische Ich, und weckt gerade deswegen noch mehr Begierde in ihm.[18] Durch diese totale Willkür, erscheint sie nicht menschlich, weswegen die Assoziationen mit etwas Übernatürlichen, egal ob teuflisch oder göttlich, verstärkt werden. Denn sollte sie, wie das lyrische Ich, menschliche Eigenschaften besitzen, müssten diese erklärbar und nachvollziehbar sein. Die vierte Strophe ist ungleich düsterer, eher morbider, als die vorherigen. Konnte man sich in den Strophen davor durchaus eine Parallele zu einer innig geliebten Frau ziehen, fällt dies schwer bei:

„Tu marches sur des morts, Beauté, dont tu te moques"

---

[17] S.174 Dieter Mettler
[18] S.174 Dieter Mettler

Diese Strophe beschreibt die Kälte der Schönheit, ihre Gleichgültigkeit (V.15) gegenüber dem Leiden ihrer zurückgewiesenen Liebhaber. Dies beschreibt das lyrische Ich jedoch als Schmuck (V. 14), selbst in dieser Kälte und Grausamkeit kann sich das lyrische Ich keineswegs von ihr lösen, ja sie wird dadurch sogar noch schöner. Denn sollte sie auf das Leiden menschlich reagieren, teilnahmsvoll sein, so würde sie sich selber in ihrer Natürlichkeit einschränken, und so an Attraktivität verlieren[19]. Umso unsicherer der Liebhaber ihrer sein kann, also umso größer ihre „incommunicabilité"[20] ist, desto stärker die Begierde sie zu erobern. Um in dieser Strophe die Schönheit überhaupt mit der Frau gleichsetzen zu können, müssen wir den „Meutre", den Mord (V.15), als Metapher für einen verstoßenen Liebhaber deuten. Gemeint ist also kein physischer, wirklicher Mord, sondern ein symbolischer Mord an der Liebe. Diese Gefahr eines Herzensbruchs erkennt das lyrische Ich, kann sich ihr aber dennoch nicht verwehren, so setzt es sich mit einem Falter (V. 17) gleich der einer Flamme entgegenflattert, sich nicht aus dem Bann ziehen kann, und schlussendlich verbrennt und stirbt. Die Unnahbarkeit der Frau entfacht also in dem lyrischen Ich ein noch stärkeres Bemächtigungsverlangen. In den Versen neunzehn und zwanzig wird die Vermutung, dass die Gemordeten ihre Liebhaber sind bestätigt:

„L'amoureux pantelant incliné sur sa belle

A l'air d'un moribond caressant son tombeau «

Verfällt man also einer Frau, so das lyrische Ich, einer Schönheit und gibt sich ihr hin hat man schon das Leiden, den Niedergang gewählt. Die körperliche Lust, das Sexuelle wird hier einem Grabe gleichgesetzt. Die Frau lockt mit Reizen den Liebhaber, der nichts von ihrer tödlichen Seite ahnt, und sich, wie der Falter, von ihr blenden lässt. Das lyrische ich weiß davon, er ahnt die Schmerzen und das Leid, ja der Tod die auf ihn warten. Doch es weiß auch, dass die wahre Liebe, die es bisher noch nie im Leben erfahren konnte, die „nie erfahrene Ewigkeit" (V.24)[21] nur diese Schönheit, die gleichzeitig sein Verderben ist, ihm geben kann. Das lyrische Ich ist entzweigerissen, es weiß, dass seine Rettung gleichzeitig sein Verderben ist. Dennoch kann es sein Schicksal nicht ändern. Die Frau, und die Liebe, die sie ihm gibt, erscheint so wichtig und anziehend, dass sich das lyrische Ich auch nicht durch die höllische Seite der Schönheit abschrecken lässt. Das lyrische Ich scheint sich im Verlauf des Gedichtes zu verändern. Ist es am Anfang noch unsicher, und stellt Fragen über die Schönheit, zieht Vergleiche ihrer beiden

---

[19] S.177 Dieter Mettler
[20] S.179 Dieter Mettler
[21] S.71 C. Baudelaire Fleurs du mal

Seiten, so scheint es nun in Strophe sechs zwar keine Antwort gefunden zu haben, aber geradezu enthusiastisch der Schönheit entgegenzueilen. Er ruft der Schönheit zu, und vergisst alles Leid:

„Que tu viennes du ciel ou de l´enfer, qu´importe,

O Beauté! »

Das lyrische Ich bekräftigt in der siebten Strophe, dass egal welcher Herkunft die Schönheit entstammt, ob aus der Hölle oder aus dem Himmel, ihn nichts dazu bringen kann, sich von der Schönheit abzuwenden, auch wenn sie sein Verderben ist.

„Qu´importe, si tu rends, […]

L´univers moins hideux el les instants moins lourds ? »

Diese beiden letzten Strophen sind ein verzweifelter Ausruf, welcher an einen Drogenabhängigen erinnert, der ohne Droge nicht leben kann. Dieses Motiv greife ich später im *Léthé* wieder auf. Die Welt, in der das lyrische Ich lebt, ist so trist, träge und öde, dass nur die Liebe zur Frau die Welt ertragbar macht, ganz gleich ob die Frau nun Engel oder Dämon ist.

Ich resümiere an dieser Stelle mit einem kurzen Zwischenfazit, wie die Frau in diesem Gedicht dargestellt wird, damit ein Vergleich zu „Léthé" leichter fällt. Sie erscheint als mystisches Wesen, das unerklärliche, übernatürliche Eigenschaften besitzt, mit denen sie ihre Liebhaber unterstützt, aber auch zu Boden werfen kann. Die Frau erscheint als listenreiche, unantastbare und machtvolle Persönlichkeit, die jedoch durchaus Gutes tut, und vereint somit sowohl Spleen als auch Ideal in einer Person. Durch diese Mischung der Extreme ergibt sich genau die Unauflösbarkeit, die sie so attraktiv werden lässt und die Begierde im Mann aufkommen lässt. Mit selbstverständlichen Recht auf die Befriedigung ihrer Bedürfnisse ordnet sie alles unter sich. Sie sieht in anderen Werkzeuge, die schwach sind, da sie vergeblich die Liebe in ihr suchen[22]. Die Ansicht, der Mann sei ein Werkzeug der Frau ist äquivalent zu: Die Frau beherrscht oder spielt mit dem Mann. Das ist eine bemerkenswerte Beobachtung, welche sich auch im nächsten Gedicht bestätigt finden wird.

---

[22] S.173 Dieter Mettler

Le Léthé

Der *Léthé* wurde vermutlich zwischen 1850-1852 von Baudelaire verfasst und erschien in der Erstauflage der *Fleurs du Mal* 1857. Es wurde jedoch zusammen mit den anderen *pièces condamnées* verboten und erschien nicht mehr zu Lebzeiten Baudelaires. Warum es verboten wurde ist schwer vorstellbar, es finden sich kaum anstößige Verse, jedoch wirkt es ungleich düsterer und verzweifelter als die *Hymne à là Beauté*. Im Vergleich dazu tritt eine beinahe gegenseitige Wirkung der Frau auf das lyrische Ich auf. Welche Wirkung gemeint ist, und welche Eigenschaften der Frau zugeordnet werden, arbeite ich in meiner Interpretation heraus. Zuerst zum stilistischen Aufbau des Gedichtes.

Analyse

Der *Léthé* ist ebenso wie die *Hymne à la Beauté* im parataktischen Stil geschrieben. Das Gedicht ist in 6 Strophen mit jeweils 4 Versen aufgeteilt, und besteht aus einem umarmenden Reimschema. Dies dient in diesem Gedicht dazu, eine klammernde Wirkung hervorzurufen, indem jede Strophe dadurch in sich geschlossen ist und für sich steht. Der erste und der vierte Vers sind weiblich, der zweite und der dritte wiederum männlich. Der Rhythmus ist auch hier nicht festgelegt, und folgt keiner Regelmäßigkeit. Jeder Vers besteht aus zehn beziehungsweise elf Silben. Die bei den weiblichen Kadenzen auftretende elfte Silbe ist im Neufranzösischen jedoch stumm. Es handelt sich deshalb um einen *vers commun*[23], eine Art verkürzter Alexandriner. Das besondere ist eine feste Zäsur nach der vierten Silbe, die im *Léthé* immer männlich ist. Durch die Zäsuren hat das Gedicht keinen geschmeidigen Rhythmus, denn sie treten auch innerhalb von Syntagmen auf, und trennen so zusammenhängende Wortgruppen innerhalb eines parataktischen Verses. Dadurch ist auch dieses Gedicht nicht liedhaft und ähnelt einem inneren Monolog. Auffallend ist, dass das lyrische ich über sich selber spricht, es stellt sich deutlich mehr in das Zentrum als in der *Hymne à la Beauté*. Dadurch werden die Situation des lyrischen Ichs und seine persönlichen Gefühle in den Vordergrund gestellt. Dennoch lässt sich das Wirken der Frau auch hier gut herausarbeiten. Durch Verben wie *„dormir"* (V.9), *„coucher"* (V.14) und *„emprisonné"* (V.24), erhält das Gedicht einen endgültigen Charakter, denn das lyrische Ich kann sich dagegen nicht wehren, und die klammernde Wirkung des Reimschemas wird so verbal unterstützt. Auch hier sind einige Oxymorons vertreten: *„tigre adoré"* (V.2) *„amour défunt"* (V.8). Sie dienen auch hier dazu, die Zerrissenheit des lyrischen Ichs und seiner Gefühle zu unterstreichen.

---

[23] S.90 Dieter Burdorf

8

Interpretation

Anders als in der klassischen Ästhetik, in der die innere Seele den Körper durchdrang, und mit einer guten Seele auch ein schöner Körper gleichkam,[24] so besteht bei Baudelaire die Schönheit gerade durch die Uneinigkeit, der Wiederspruch zwischen Physis und Psyche. So sind einige Eigenschaften der allegorischen Frau im „Lethe" bereits im ersten Vers des Gedichtes zu finden. So besitzt sie, unter anderem, eine grausame Seele (V.1), was sie als jemanden darstellt, der rücksichtslos und ohne Mitgefühl oder Schuldverspüren lebt. Diese Unmoralität der allegorischen Frau und andere ihrer tierischen Wesenszüge werden metaphorischen mit Beispielen aus der Tierwelt näher beschrieben. So ist sie zwar ein Tiger (V.2), dessen „Mähne" (V.4) dem lyrischen Ich Trost spendet, der Tiger steht symbolisch jedoch auch für die Wildheit, die Kraft und die Gefährlichkeit der Frau. Gemeint sind hier sicher nicht physische Kräfte, sondern es ist eine Beschreibung ihres Charakters. Sie ist sich nur sich selbst bewusst, kämpferisch und besitzt einen unkalkulierbaren Charakter ohne Moral. Zusätzlich wird sie als „*monstre aux airs indolents*" (V.2) beschrieben.[25] Als Schlange besitzt die also auch die Eigenschaften listig zu sein und vergiften zu können. Die Frau wird hier als pure Personifikation des Bösen aus der Tierwelt beschrieben. Die Unmoralität wiederspricht der Vorstellung sie könnte ein Engel, oder ein himmlisches Wesen sein (*siehe dagegen die Hymne à la Beauté*). Aus diesen Metaphern aus der Tierwelt lässt sich einiges über die Frau folgern: Sie kann weder besiegt, noch das Tierische hinter sich lassen. Ihr Charakter erscheint dem lyrischen Ich deswegen als unangenehm und verdorben und sie scheint sogar nicht liebesfähig zu sein (V. 24). Im Wiederspruch dazu steht ihre physische Erscheinungsform. Mit ihrem Duft (V.5) lockt sie das lyrische Ich zu sich. Ihr erotischer, nackter Körper lässt das lyrische Ich Verlangen verspüren (V.11,12). Sie löst gerade durch diesen Widerspruch, das Abstoßende und das Anziehende, in jeden Mann unweigerlich den Willen aus, sie erobern zu wollen. Doch letztendlich endet dies darin, sich ihren Willen zu unterwerfen[26]. So wie im vorherigen Gedicht, wird die Begierde des lyrischen Ichs durch die Abweisung der Frau gesteigert, und nicht geschmälert. Die große Lust nach Sex mit der Frau wird deutlich in der dritten und vierten Strophe. Das lyrische Ich beschreibt den Körper seiner Geliebten voll drängenden Verlangens (V.12), und sieht den Sex mit ihr auf „Lagers tiefem Grund", als einzigen Ort der Erlösung (V.14,15). Das Sexuelle erhält dadurch eine starke Gewichtung; der Mann ist geradezu süchtig

---

[24] S.198 Dieter Mettler
[25] *Dieses „Monster der faulen Lüfte" kann gut als Schlange übersetzt werden, da sie vornehmlich aus Sumpfgebieten stammt.*
[26] S.174 Dieter Mettler

nach ihrem Körper. Somit erscheint der Mann hier als der triebhaftere, und genau dadurch steht er unter ihrem Bann. So vergisst das lyrische ich nur durch die Küsse seiner Geliebten seine qualvolle Umwelt (V. 15). Ihr Körper und ihr Charakter stehen also im Wiederspruch, denn so schrecklich und hässlich ihr Charakter auch sein mag, so ist ihr Körper doch wunderschön und wohltuend (V.12). Somit scheint die Frau auch in diesem Gedicht eine Mischung aus Spleen und Ideal zu verkörpern. Diese Reize und gleichzeitig die Folter, die sie ausübt, ergänzen sich zu einer perfekten Falle für jeden, der nach ihr verlangt. Dennoch besitzt sie die Eigenschaft Trost zu spenden, und Zufluchtsort zu sein (V. 13,14). Wie eine Mutter lässt sie das lyrische Ich an ihrer Brust saugen (V.22,23). So scheint das lyrische Ich, wie ein kleines Kind bei seiner Mutter, Geborgenheit in ihr zu suchen (V.13,14). Diese Art der Abhängigkeit zwischen ihr und dem lyrischen Ich lässt sich auch schon in der ersten Strophe des Gedichtes finden, in der das lyrische Ich hilfesuchend und verzweifelt erscheint:

„Je veux longtemps plonger mes doigts tremblants

Dans l´épaisseur de ra crinière lourde ; »

Das lyrische Ich sehnt sich nach Zärtlichkeiten, es will Liebe fühlen, doch die Frau ist „gleichmütig" (V.2) und voll „toter Liebe" (V.7). Nur bei ihr kann es sich beruhigen (V.3) denn das lyrische Ich lebt in einer Welt andauernder Qualen und Furcht (V.19,20). Es leidet, kann in dieser Welt nicht mehr leben, versteckt sich in den „Röcken" seiner Liebsten [27]. Es ergibt sich hier demnach eine Beziehung zwischen den beiden, in der die Abhängigkeit zur Gegenseite sehr einseitig ist. Die Schuld an der Abhängigkeit zu der Beauté sieht das lyrische Ich nicht in sich (V.19), dieses Schicksal soll ihm vorherbestimmt sein (V.18). Etwas Überirdisches hat das lyrische Ich derart verdammt (V.19). Das Oxymoron *„amour défunt"* und die Metapher *„fleur flétrie"*, spiegeln die Einstellung des lyrischen Ichs zu den schönen und lebendigen Dingen wieder. Die Liebe und die Blume sind wunderschön, sterben und verwelken jedoch trotzdem. Das lyrische Ich ist resigniert, und hat sein Schicksal, in einer so trostlosen Welt zu leben, bereits akzeptiert. So beginnt auch die dritte Strophe mit dem Ausruf:

„Je veux dormir! dormir plutôt que vivre ! »

Gemeint ist hier ein ewiger Schlaf, also der Tod, oder aber ein dem gleichkommenden Drogenrausch. So wie die Welt des lyrischen Ichs düster ist, so ist auch der Lethe düster, es scheint kein Ausweg keine Hoffnung und auch kein Glück im Leben des lyrischen Ichs zu

---

[27] S.437 C. Baudelaire Fleurs du mal

existieren. So ist der einzige Lichtblick, das einzige *Idéal* in der Welt des lyrischen Ichs der Körperkontakt mit der Frau. Es werden masochistische Züge des lyrischen Ichs deutlich, die „*joie de decendre*". So sind Lust und Folter untrennbar (V.17,18), und die Abhängigkeit ist stärker als die Furcht vor dem „Gift" (V.22). Die Frau nimmt in diesem Gedicht also eine sinnbildliche Rolle einer tödlichen Droge ein. Denn wenn das lyrische Ich ein „Gift" (V.22) oder das „Vergessen" (V.15) als ihre Eigenschaften erwähnt, so besitzt sie auffallend ähnliche Eigenschaften eines Opiats. Der Titel des Gedichtes steht für dieses Vergessen. Der mythische Fluss Lethe nimmt den Toten ihr Gedächtnis, damit sie ein neu geboren werden können, und keine Erinnerung an ihr altes Leben besitzen. Das lyrische Ich erkennt seine Sucht nach der Droge (V. 17) hat aber den Kampf dagegen aufgegeben (V.19), und gibt sich ihr ganz und gerne hin. Wenn der Vergleich zur Droge in den vorherigen Strophen vielleicht noch nicht ganz einleuchtete, so wird jeder Zweifel in der letzten Strophe aus der Welt geräumt sein. Das Gift, welches Lust und Tod bereitet (V.22), konsumiert das lyrische Ich aus den Brüsten seiner Geliebten (V.23), und vergiftet sich damit selber. Im folgenden Fazit vergleiche ich beide Gedichte, inwieweit sie die Frau und ihre Beziehung zu dem lyrischen Ich schildern, und darüber hinaus welche ihrer Eigenschaften jeweils im Vordergrund stehen.

Fazit

Beide Gedichte geben eine relativ unterschiedliche Sicht über Frau wieder aber auch über den Zustand des lyrischen Ichs. Die *Hymne à la Beauté* ruft ein Bild einer zweigeteilten Welt hervor, in der die Frau die allmächtige Entscheidungsmacht über Aufstieg oder Abstieg des lyrischen Ichs besitzt. Gut und Böse werden klar differenziert. So wie ihre Entscheidungen und ihr Handeln das lyrische Ich verletzten und ablehnen, so steigert sie doch dadurch ihre Attraktivität. Sie verhilft ihm durch ihre Undurchdringlichkeit zu neuen Horizonten, sie macht unbesiegbar und nimmt Einfluss auf die Welt des lyrischen Ichs. Im *Léthé* beschränkt sich ihre Macht jedoch nur auf das Trösten des lyrischen Ichs, wodurch es seine Umwelt vergessen kann. Sie kann die Welt des lyrischen Ichs nicht zum Guten wenden, oder dem lyrischen Ich Hoffnung schenken. Es ist unklar, ob sich also wirklich die Macht der Frau zwischen den Gedichten verändert, oder der Zustand des lyrischen Ichs. Hier wird sich auch keine Lösung finden, ein Indiz könnte das biografische Leben des Autors geben, auf das ich noch kurz eingehen werde. Auch ihre Attraktivität durchmacht eine Veränderung. Denn wenn in der Hymne das lyrische Ich sie für ihre Willkür und ihre seine Welt zu verändern, noch bewundert, im Lethe hingegen besteht sie nur in der körperlichen Nähe, ihren Küssen und dem Sex.

Während in der *Hymne à la Beauté* das lyrische Ich durchaus Vorteile und Glück durch sie erfährt, beschränkt sich ihre Wirkung in *Léthé* nur noch auf die drogenähnliche Betäubung. Durch diese Sucht nach der Betäubung drängt sich im Lethe auch der Zustand des lyrischen Ichs viel stärker in den Vordergrund als das in der Hymne der Fall ist. Es gibt also eine Verschiebung des Fokus auf sich selber, wodurch die Abhängigkeit zur Frau viel klarer wird. In beiden Gedichten jedoch ist die unnahbare Natur der Frau entscheidend für die Stärke des Verlangens des Mannes nach ihr[28]. Das ist auch gemeint, wenn Baudelaire im ,,*Préface des Fleurs*" meint, er habe das Werk dazu geschaffen seine ,,leidenschaftlich Lust am Wiederstand zu frönen"[29]. Meine Anfangsthese, die Frau vereint Spleen und Ideal, sehe ich in beiden Gedichten bestätigt. Jedoch hat es sich im Laufe der Arbeit gezeigt, dass diese Vereinigung beider Extreme größere Konsequenzen hat, als ich am Anfang meiner Arbeit vermutet hätte. Dass die Begehrtheit der Frau sich alleine durch ihre Ablehnung, ihre Teilnahmslosigkeit und durch das Unverständnis des Liebhabers ergibt, öffnet neue Sichtweisen auf jedes Gedicht Baudelaires. Ist das lyrische Ich noch selbstbeherrscht und frei in der *Hymne à la Beauté*, so ist es im *Léthé* bereits vollständig gefangen in den Verheißungen der Frau. Daraus ergibt sich jedoch kein Vorteil, im Gegenteil durch die vollkommene Hingabe und Aufgabe seiner selbst, wird die Welt des lyrischen Ichs unerträglich und so ist der einzige Ausweg die erneute Hingabe zur Frau und ihrer betäubenden Wirkung. Die Wandlung der Frau zwischen den Gedichten, von einer Motivation hin zu einer Betäubung, lässt keine endgültige Definition der allegorischen Frau, aber auch der Schönheit, zu, was sich jedoch mit dem Willen Baudelairs deckt[30](siehe Einleitung *Hymne à la Beauté*). Jedoch ist es mir gelungen, die Herkunft des Begehrens nach der Frau zu erörtern, und die Wirkungen der Schönheit herauszuarbeiten.

Der Autor

Die Erkenntnisse versuche ich nun mit dem biografischen Leben Baudelaires in Einklang zu bringen. 1842 erbte er ein stattliches Vermögen, dass er jedoch gemäß dem Status eines ,,erfolgreichen Bohemien", einem Dandy, gar nicht schnell genug ausgeben konnte[31]. Den Dandyismus, den er lebt, und über den er sogar einen Essay verfassen wollte [32] sucht ,,Das Glück in anderen, zum Beispiel in der Frau". Dieses Zitat stammt aus dem *Peintre de la Vie*

---

[28] S.174 Dieter Mettler
[29] S.495 C. Baudelaire Fleurs du mal
[30] S.194 Dieter Mettler
[31] S.107 Werner Ross
[32] S.62 Pascal Pia

moderne, wo Baudelaire seine Theorie über den Dandyismus entwickelt[33].Um mehr Tiefe in den Gedichten sehen zu können, muss man sich als Leser auch mit der Person *Jeanne Duval* beschäftigen. Sie trat spätestens 1846 in Baudelaires Leben, und es ist nur sehr wenig über ihre Identität bekannt. Sie soll Schauspielerin gewesen sein und war für mehrere Jahre Baudelaires Gefährtin. Freunde schreiben ihr „etwas Göttliches und etwas Tierisches" zu[34], siehe die Interpretation zur „*Hymne à la beauté*". Es könnte also durchaus der Fall sein, dass Baudelaire an seine Gefährtin gedacht hat, als er das Gedicht schrieb. So nimmt Jeanne Duval, nach Pascal Pia, einen „großen Platz in den Blumen des Bösen ein" und „beherrscht so viele Gedichte"[35]. In dieser Zeit find Baudelaire auch an Haschisch und Opium zu konsumieren[36]. Vergleicht er die Frau in der *Hymne à la beauté* mit dem Wein, so kann auch auf seinen im Jahr 1851 veröffentlichten Text *Du vin et du hachisch* Bezug genommen werden. Der Wein dient hier als Anregungsmittel, und als „glückliche Ergänzung"[37]. Ganz im Gegensatz dazu beschreibt er sechs Jahre später, in Le *Poéme du hachisch,* das Haschisch als lähmend. So soll es jede Betätigung unmöglich machen, und eine furchtvollen, oder ängstlichen Zustand auslösen[38]. Das Gedicht *Léthé* gibt genau diesen Zustand wieder, auch wenn es eigentlich auch *Jeanne Duval* zugeschrieben wird[39]. Diese beiden unterschiedlichen Drogen nehmen also auch Einfluss auf Gedichte, die sich vordergründig nicht mit ihnen beschäftigen. Deutlich wird das an dem Ausruf im Léthé: „ Je veux dormir!" . Konnte ich vorhin in meiner Interpretation nicht sicher sein, was das lyrische Ich damit meinen könnte, so hilft hier ein Blick auf Le *Poéme du hachisch.* Denn Baudelaire stellt darin fest, dass das Erwachen nach einem Haschisch Rausch verbunden ist mit dem Eintreten von starken Depressionen und der Erkenntnis der eigenen moralischen Verderbtheit, die während dem Rausche weggedrängt wurde[40]. So will das lyrische Ich genau diesen Zustand nach seinem Rausch nicht erleben müssen, und wünscht sich für immer schlafen zu können. Beim wissenschaftlichen Herausarbeiten der Darstellung der Frau in Baudelaires Gedichten muss also, und das war mir noch wichtig anzumerken, auch Bezug auf die präsenten Drogen genommen werden. Deshalb war es mir wichtig ihre Rolle hervorzuheben, und auch ihr ähnliches Wirken wie das der Frau. Um dem Leser abschließend noch Baudelaires persönliche Vorstellung des Wirkens der Schönheit der Frau vorzulegen, die

---

[33] S.63 Pascal Pia
[34] S.43 Pascal Pia
[35] S.45 Pascal Pia
[36] 109 Werner Ross
[37] S.84 Stefan Schulze
[38] S.90 Stefan Schulze
[39] S.45 Pascal Pia
[40] S.95 Stefan Schulze

sich auch mit meinen Erkenntnissen in Bezug auf das Wirken der Frau deckt, zitiere Ich

Baudelaire aus seinen *Fusées*:

,,Ich habe die Definition des Schönen gefunden- meines Schönheitsbegriffes.[...] Ein schönes,

verführerisches Haupt, ich denke an das Haupt einer Frau, ist ein Haupt, das gleichzeitig- aber

auf eine eigentümliche vermischte Art- Träume von Wollust und Trauer erregt; Vorstellungen

von Melancholie, Mattigkeit und Übersättigung weckt- oder auch entgegengesetzte

Vorstellungen von inbrünstiger Lebensgier, untermischt mit Fluten der Bitternis." [41]

---

[41] S.85 Pascal Pia

Literaturverzeichnis

- Pascal Pia. *C. Baudelaire mit Selbstzeugnissen u. Bilddokumenten* (1985). Rowohlt, Hamburg

- Dieter Burdorf. *Einführung in die Gedichtsanalyse* (2015, 3. Auflage). J. B. Metzler, Stuttgart

- C. Baudelaire. *Fleurs du mal* (2014). Reclam, Stuttgart

  Übers. von Monika Fahrenbach-Wachendorff. Anmerkungen von Horst Hina ; Nachw. und

  Zeittafel von Kurt Kloocke

- Dieter Mettler. *Baudelaire: "Ein Ich, das unersättlich nach dem Nicht-Ich verlangt"* (2000).

  Königshausen & Neumann, Würzburg

- Hugo Friedrich. *Die Struktur der modernen Lyrik - von Baudelaire bis zur Gegenwart* (1964).

  Rowohlt, Hamburg

- Paul-Laurent Assoun. *Analyse et réflexions sur Baudelaire* (1984). Ed. Marketing, Paris

- Werner Ross. *Baudelaire und die Moderne* (1993). Piper, München

- Stefan Schulze. *Die Selbstreflexion der Kunst bei Baudelaire* (1999). Winter, Heidelberg